Part First
Preludio I.

All figures in the fingering which are set above the notes are intended, whether in inner or outer parts, for the right hand; whereas, the figures below the notes are for the left hand. This explanation will suffice to show, in doubtful cases, by which hand any note in the inner parts is to be played.

Alle Fingersatz-Zahlen, welche über den Noten stehen, gelten (auch in den Mittelstimmen) stets der rechten Hand. Dagegen sind die unter den Noten stehenden Zahlen immer für die linke Hand bestimmt. Dieses reicht hin, um in zweifelhaften Fällen anzuzeigen, von welcher Hand jede Note in den Mittelstimmen gegriffen werden muss.

Fuga I.
a 4 Voci.

Preludio II.

Allegro vivace. (♩ = 144.)

Fuga II.
a 3 Voci.

Preludio III.

Fuga XXI.
a 3 Voci.

Preludio XXII.

Fuga XXII.
a 5 Voci.

Preludio XXIII.

Fuga XXIII.
a 4 Voci.

Preludio XXIV.

Fuga XXIV.
a 4 Voci.

Preludio I.

J. S. BACH.

Andante sostenuto. (♩= 108.)

Fuga III.
a 3 Voci.

Fuga I.
a 3 Voci.

Allegro moderato. (♩=120.)

Preludio II.

Fuga II.
a 4 Voci.

Preludio III.

Moderato. (♩=80.)

Fuga III.
a 3 Voci.

Preludio IV.

Fuga IV.
a 3 Voci.

Preludio V.

Fuga V.
a 4 Voci.

Preludio VI.

Allegro vivace. (♩ = 126.)

Fuga VI.
a 3 Voci.

Preludio VII.

Allegretto moderato.

Fuga VII.
a 4 Voci.

Allegro maestoso. (♩ = 132.)

Preludio VIII.

Allegro moderato. (♩=92.)

Fuga VIII.

a 4 Voci.

Andante serioso ed espressivo. (♩=56.)

Preludio IX.

Lento moderato. (♩=80.)

Fuga IX.

a 4 Voci.

Adagio alla Breve. ($\boldsymbol{\mathit{d}}$ = 60.)

Preludio IV.

Andante con moto. (♩ = 92)

Preludio X.

Fuga X.
a 3 Voci.

*1) The 16th-note and the last of the three 8th-notes are to be played exactly together.
*2) The same here, and everywhere throughout the Fugue, where this division of the beat appears.

Preludio XI.

Fuga XI.
a 3 Voci.

Preludio XII.

Fuga XII.
a 3 Voci.

Preludio XIII.

Allegretto con moto. (♩ = 92)

Fuga IV.
a 5 Voci.

Moderato e maestoso. (♩ = 112)

Fuga XIII.
a 3 Voci.

Preludio XIV.

Andante con moto. ($\eighthnote$ = 116)

Fuga XIV.
a 3 Voci.

Preludio XV.

Allegro vivace. ($\quarter = 132$.)

Fuga XV.
a 3 Voci.

Preludio XVI.

Fuga XVI.
a 4 Voci.

Preludio XVII.

Andante con moto. (♩ = 72.)

Fuga XVII.
a 4 Voci.

Preludio XVIII.

Allegro moderato. (♩= 100.)

Fuga XVIII.
a 3 Voci.

Moderato e quieto. (♩.= 56.)

Preludio XIX.

Fuga XIX.
a 3 Voci.

Allegro moderato. ($\quarter = 96$.)

Preludio V.

Preludio XX.

Fuga XX.
a 3 Voci.

Andante maestosso ed energico. (♩ = 66.)

Preludio XXI.

Fuga XXI.
a 3 Voci.

Allegretto vivace. ($\quarternote$ = 108.)

Preludio XXII.

Fuga XXII.
a 4 Voci.

Preludio XXIII.

Fuga V.
a 4 Voci.

Fuga XXIII.
a 4 Voci.

Preludio XXIV.

Fuga XXIV.
a 3 Voci.

Allegro vivace. (♩. = 76.)

Preludio VI.

Fuga VI.
a 3 Voci.

Preludio VII.

Fuga VII.
a 3 Voci.

Preludio VIII.

Fuga VIII.
a 3 Voci.

Preludio IX.

Fuga IX.
a 3 Voci.

Preludio X.

Allegro molto moderato. (♩=84.)

Fuga X.
a 2 Voci.

Preludio XI.

Fuga XI.
a 3 Voci.

Preludio XII.

Fuga XII.
a 4 Voci.

Andante serioso. (♩ = 63.)

Preludio XIII.

Fuga XIII.
a 3 Voci.

Allegretto piacevole. (♩ = 88.)

Preludio XIV.

Fuga XIV.
a 4 Voci.

Preludio XV.

Fuga XV.
a 3 Voci.

Preludio XVI.

Fuga XVI.
a 4 Voci.

Preludio XVII.

Fuga XVII.
a 4 Voci.

Preludio XVIII.

Fuga XVIII.
a 4 Voci.

Preludio XIX.

Fuga XIX.
a 3 Voci.
Allegro moderato. (♩.= 69.)

Preludio XX.

Fuga XX.

a 4 Voci.

Preludio XXI.

Made in United States
North Haven, CT
28 August 2022